La lumière du papillon

Ode à l'amour

La lumière du papillon

Ode à l'amour

Soukhayna Caristan

Du même auteur
Un Papillon au cœur, 2017 - Autobiographie
Espoirs d'amour, 2020 - Poésie
La direction du vent, 2021 - Roman

Contact
unpapillonau.coeur@gmail.com
https://www.facebook.com/Unpapillonaucoeur

ISBN : 978-2-3221794-8-0

© Soukhayna Caristan — 2017

Image couverture : Gerd Altmann (Pixabay)
Images intérieures : 123RF/olaola ; 123RF/Olena Tieriekhova

Le Code de la propriété intellectuelle interdit les copies ou reproductions destinées à une utilisation collective. Toute représentation ou reproduction intégrale ou partielle faite par quelque procédé que ce soit, sans le consentement de l'Auteur ou de ses ayants cause est illicite et constitue une contrefaçon sanctionnée par les articles L335-2 et suivants du Code de la propriété intellectuelle.

A tous ceux qui m'ont soutenue et inspirée. Ils m'ont permis d'aller au bout de mes rêves.

Avant-propos

Alors que je vivais une grande traversée du désert et de difficiles épreuves, j'ai eu le privilège de faire une rencontre qui a tout changé : j'ai rencontré Dieu. A partir du moment où je L'ai placé au premier rang dans ma vie, Il a mis sur mon chemin des personnes qui m'ont aidée à me reconstruire, à structurer mes projets avec détermination et à exprimer le meilleur de moi-même.

Quelques phrases contenues dans ce recueil datent d'il y a presque cinq ans, mais c'est la rédaction de ma biographie, *Un papillon au cœur*, en 2017, qui a débloqué quelque chose en moi : les phrases me sont venues de plus en plus régulièrement, jusqu'à plusieurs par jour, pendant plus d'un an.

J'ai décidé de les regrouper dans ce recueil pour aider les autres à retrouver l'espoir et la conviction qu'ils peuvent aller de l'avant avec confiance. Comme si Dieu m'avait soufflé le projet de transmettre ses petits papillons…

> Je connais les projets que j'ai conçus en votre faveur, déclare l'Eternel : ce sont des projets de paix et non de malheur, afin de vous assurer un avenir plein d'espérance. Jérémie 29.11

Je remercie l'esprit Saint Yahvé qui habite en moi, qui m'éclaire dans ma vie et me guide dans mes projets.

*Rêve de tout
mais cours vers l'essentiel,
il est plus que suffisant.*

*Tu manques de confiance ?
Suis ton intuition…*

*Une âme joyeuse n'a pas d'âge,
alors joue !*

*Aujourd'hui est ton jour de chance :
crois-le fort, aie confiance.*

Ton monde est sombre ?

Choisis tes couleurs !

Tu cherches le bonheur ?

*Écoute ton cœur,
il est à l'intérieur.*

*Ne rêve pas de l'amour ;
vis-le avec tout le bonheur
du monde.*

*Tu te sens prisonnier,
mais prisonnier de quoi ?*

Regarde, la porte est ouverte !

*Si ton cœur est mort,
bats-toi pour les rêves
qui sommeillent en toi.*

*Fais ce que tu aimes,
tu trouveras la joie.*

*Considère-toi
comme une étoile la nuit
et sois magnifique
comme la rosée du matin.
(Alexandra)*

*La vie est une course
que tu ne feras qu'une seule fois ;
cours pour gagner.*

*Tu as plein d'idées,
manifeste-les.*

*Quitte la mélancolie,
ose la vie !*

*Lance-toi,
ce que tu souhaites va arriver.*

*Laisse couler l'amour
dans ta vie :
il te remplira de joie
et le bonheur jaillira.*

*Tu es une rose blanche,
un diamant, un éclat ;
cherche en dedans.*

*La joie arrive
quand tu te construis.*

Ta vie est sombre ?

Cherche en toi l'interrupteur !

Crois en ta bonne étoile
pour provoquer
le véritable coup de chance.

*Sois certain(e)
que la liberté est déjà en toi.*

*Fais jaillir
l'étincelle qui est en toi :
tout sera lumière.*

*Tout commence
quand tu décides d'avancer :
enlève le frein à main et roule.*

*La vie est un cadeau :
accepte-le,
saisis chaque instant
et sois généreux(se).*

L'amour est dans l'air...

N'arrête pas de respirer!

*Avec le temps,
tu pourras expérimenter l'amour
et tu diras « merci ».*

*Ne cherche pas l'amour,
ton cœur saura le trouver.*

*Prends le temps
d'aimer sans peur,
la lumière jaillira.*

*Le tableau de ta vie
ne te plait pas ?*

Choisis la couleur de l'espoir.

*Écoute tes rêves :
l'impossible est à ta portée.*

*Si ton monde est laid,
sois positif(ve) :
sa beauté reviendra.*

Ta vie est triste ?

*Sa lumière éclatante
est au fond de ton être.*

*Cherche avec ton cœur,
tu trouveras.*

*Sois attentif(ve) à la joie :
elle transforme les états d'âme.*

*Donne sans égoïsme,
la vie te le rendra.*

*Sois vrai(e) avec toi-même
et brille de tous tes feux.*

Rends grâce à l'amour, l'exaucement ne saurait tarder.

*Réfléchis
dans le secret de ton cœur.
Fais silence
et tu verras plus clair.*

*Il n'est jamais trop tard
pour retrouver ses rêves,
ses yeux et son cœur d'enfant.*

Illumine ta vie, suis ta destinée.

*Au fond de toi,
tu es capable de trouver le chemin.*

Fleuris ton désert avec les graines de l'amour inconditionnel!

Ressentir l'amour est une chance que tous les cœurs sombres envient.

*N'achète pas le bonheur,
il n'a pas de prix ;
cherche sa juste valeur.*

*Cultive de belles paroles,
sois ébloui(e) des vérités.*

Ose ta vie :
elle commencera
quand tu laisseras place au positif.

Corrige-toi sans violence,
cherche la paix.

*La vie est une école,
écoute ses leçons.*

*Aie une soif insatiable de paix,
sois affamé(e) de vérité
et comblé(e) d'amour.*

*Ta force est à l'intérieur.
Puise en toi, cherche ton joyau.*

*Le bonheur frappe
à toutes les portes,
émerveille-toi tous les jours
en l'attendant.*

*Ne lâche pas tes rêves,
laisse-toi surprendre
par la récompense.*

*Avance avec la lumière
et laisse l'ombre qui t'encombre
derrière toi.*

*Pourquoi penser
qu'il ne t'est plus permis de rêver ?*

Tes frontières t'appartiennent !

*Honore ta vie,
ne la gaspille pas,
elle est précieuse.*

*Sois optimiste
en toutes circonstances,
l'avenir fera le reste.*

*Seuls les cœurs sincères et humbles
peuvent sentir le parfum
de la lumière.*

*Remercie ton endurance
et ta persévérance
le jour de la réussite.*

*Une vie dans le mensonge
est sous lumière artificielle.*

Ton cœur est froid ?

*Puise en toi
pour rallumer le feu.*

*Quand les portes s'ouvrent,
aie l'audace de les franchir...*

Le meilleur t'attend !

*Donne ta vie sans inquiétude,
tu trouveras ton étoile.*

*La flamme
d'un cœur sincère et respectueux
est le plus beau des cadeaux.*

*Prends conscience
de l'abondance,
jamais du manque.*

*Profite de l'instant présent,
prends conscience de ton bonheur.*

*Tes qualités font de toi
un être unique.*

*Passe un moment dans le silence pour
donner du repos à ton esprit.*

*Ne laisse pas
l'angoisse te submerger.
Prends possession de ta vie
avec volonté.*

*Vis à la même fréquence
que ton cœur,
il bat au rythme
de l'amour inconditionnel.*

Accepte-toi véritablement.
Aime-toi avant toute chose.

Ouvre-toi au bonheur
pour contempler l'aurore.

*Trouve chaque jour
un moyen d'aider les autres.*

*Arrête de te mentir,
sois vrai(e) avec toi-même.*

L'amour devrait toujours vibrer positivement.

Ne pleure que de joie.

*Apprécie les autres,
tu connaîtras
le vrai bonheur du partage.*

*Un bateau bien ancré
ne s'égare pas dans l'orage.*

*Prends le temps d'apprécier
le chemin parcouru.*

*Garde ton esprit ouvert
pour entendre
les belles idées venir à toi.*

*Fais face à l'épreuve
et conserve
une attitude positive.*

*Tu es précieux(se)
pour quelqu'un.*

*Pense avec bienveillance
et reçois avec joie
l'amour en reconnaissance.*

*Le don de soi est une valeur sûre.
Il apporte toujours le meilleur.*

*Tourne la page du passé,
tu as un fabuleux potentiel
à exploiter.*

Courage !

*Élance-toi, une réalité
pleine de promesses t'attend.*

*Apprécie la beauté
de la simplicité.*

Simplifie ta vie.

*L'amour est parfait
quand il est sincère.*

*Ouvre ton esprit
pour entendre les réponses.*

Respire !

*Inspire l'énergie de l'amour,
expire les ondes négatives.*

*Ne sous-estime pas ton courage,
ta force est en dedans.*

Quand tout te semble sans issue,
ouvre ton cœur davantage :
l'espoir te donnera la clé.

*Exprime à tes relations
l'estime que tu leur portes.*

*Aie de la compassion pour autrui,
exerce-toi à ne pas juger.*

Prends la vie comme un cadeau, saisis chaque instant.

*Pardonne-toi
si tu te sens coupable.*

*Que ton reflet dans le miroir
soit toujours celui d'un visage sincère et
honnête.*

*Éclaire ce qui est essentiel
sur le cheminement de l'amour.*

*Trouve des trésors
dans le fait de posséder peu.*

*Nourris tes aspirations
et tes désirs en étant reconnaissant(e).*

*Tu as un grand destin ;
évite les raccourcis.*

La vérité résonne dans l'âme.

*Les mots d'amour
réconfortent le cœur,
cherche-les à l'intérieur.*

*Appelle la lumière
pour ne pas t'égarer
sur la route de ta vie.*

*Ne laisse pas les autres
te rendre amère,
garde ton cœur
plein d'amour et de bienveillance pour
autrui.*

Médite sur ton être.

*Tu sauras que ton cœur
est un atout.*

*Ferme les yeux,
plonge au plus profond de toi,
tu trouveras l'amour inconditionnel.*

*Laisse-toi guider tout simplement.
Ne t'inquiète de rien si tu es juste.*

*Ne t'enferme pas dans le passé,
vois plus grand.
L'univers est à l'œuvre
dans ta vie.*

*S'accomplir dans la vie,
c'est croire
en l'amour inconditionnel
et se laisser transformer.*

*Pardonne à tes amours passées
et sois patient(e) :
l'amour véritable est proche.*

*Savoir lire dans une âme
est le don d'un cœur sincère.*

Aime l'autre même s'il est loin.

*Les petits papillons sont là
pour franchir les frontières.*

*Que ton soleil brille pour toi
et que ses rayons illuminent
le plus grand nombre.*

*La lumière te montre la direction, mais
ne te laisse pas aveugler.*

*Que ta vie soit solide comme le roc
et ton cœur tendre comme du coton.*

*Arme-toi de patience
et de persévérance,
tu verras s'accomplir des miracles.*

*Ta recherche d'amour
te semble sans fin ?*

Laisse le destin faire son chemin.

*Sois rempli(e) d'amour et de lumière
pour aider les autres.*

*Si tu roules en pleins feux, impossible de t'égarer
sur le chemin de la perdition.*

*Fais briller ta lumière intérieure même
si le pas suivant
n'est pas facile.*

Ne perds pas espoir.

La vie est devant toi, marche !

*Si tu t'endors,
la lumière du soleil
t'ouvrira les yeux.*

*L'amour pardonne
même dans l'épreuve.
Quand tu es blessé(e),
continue d'espérer.*

*Apprécie les mots positifs,
ils ont un grand pouvoir
sur ton présent et ton avenir.*

*Expérimente le bonheur
en écoutant le chant d'un oiseau.*

*Si tu apprends
à connaître le bonheur,
tu connaîtras la joie.*

*La joie de l'amour inconditionnel
te donnera la paix.*

*Sache
à qui tu donnes ton cœur :
la trahison est un poison.*

*Inspire-toi de l'amour
pour écrire des lettres
remplies de lumière.*

*L'arnaque de ce monde
te rend aveugle ?*

Ouvre les yeux !

*Laisse-toi éblouir
par les rayons de soleil.*

*Laisse ton cœur
s'émerveiller d'un arc en ciel.*

*Un amour qui se concrétise
est un don,
une union bénie de lumière.*

L'amour mène à la compassion.

*Hume le parfum
de l'amour sincère ;
laisse la liqueur de ton cœur t'enivrer.*

*Sème de l'amour,
tu récolteras des trésors.*

*Ressens la joie
et sois rempli(e) d'amour
dès le matin.*

*Reste fort(e).
Tu rentreras dans la victoire
de la vie.*

*Aie soif de l'éternité.
Chaque éclat d'étoile
est un souffle de vie.*

*Laisse le feu brûler en toi,
mais ne le laisse pas te consumer.*

*Ton destin est sûr,
continue d'y croire.*

Ne doute pas de tes capacités.

*Comme la fleur s'ouvre
pour accueillir le soleil,
ton cœur s'ouvre
pour accueillir l'amour.*

L'amour façonne les cœurs blessés.

Aime toujours plus.

*Fonde ta vie sur l'amour,
elle sera remplie de joie.*

*L'étincelle de l'amour
permet de donner le meilleur de soi.*

*Trouver l'âme sœur,
c'est trouver son équilibre :
l'amour fusionne en un seul cœur.*

*Cherche à déguster
le fruit de l'amour.*

*Ne te laisse pas gagner
par l'amertume.*

*Vois plus loin que les difficultés,
tu les surmonteras avec joie.*

*Brille comme une perle,
sois précieux(se) comme le cœur.*

Rêve tout éveillé(e), crois en toi.

*Laisse le vent te porter
et le souffle de vie
se poser sur ton cœur.*

*Mets ton potentiel
au service de l'amour.*

*Atteins la libération de ton âme
en veillant sur ton cœur.*

*Puise en toi,
déploie ta force
et sers le bien.*

*Laisse-toi illuminer
par l'amour qui est déjà en toi.*

*L'obscurité dans nos vies empoisonne
notre cœur.*

*Cherche la vérité
et la lumière émergera.*

La vie est ton héritage.

*Vis avec ardeur et sans douter,
la richesse coulera à flots.*

Apprécie ta valeur, accepte l'autre et savoure des moments de tranquillité.

Goûte au fruit de l'amour véritable.

Lâche prise, ne force rien,
tu y as droit depuis ta naissance.

*Repose-toi et remets ta vie
dans la droiture.*

Prends du temps pour toi.

*Goûte au vrai plaisir
pour donner du repos à ton âme.*

*Laisse la paix prendre racine en toi
et cueille le fruit de la joie*

*Espère le meilleur pour ta vie,
elle te prépare des surprises.*

Crée ta réalité.

*Reste juste et positif(ve)
pour construire ton avenir.*

Ce recueil a été réalisé
en collaboration avec Virginie Duclos,
écrivain public biographe à Toulouse.

http://transcrire.webnode.fr/

transcrire